ख़्वाब

॥कविता संग्रह ॥

Ketan Lalwani

BookLeaf Publishing
India | USA | UK

Made with ❤ on the BookLeaf Publishing Platform
www.bookleafpub.in
www.bookleafpub.com

Dedication

हम सभी की ज़िन्दगी में कुछ चीज़ें ऐसी होती है जिसकी तरफ़ आप
हर उस वक्त में जाते हो जब आपको कुछ महसूस होता है,
कविताओं ने मेरे लिए हमेशा वह जगह बनायी है
जहाँ मुझे महफ़ूस महसूस हुआ है,
मेरे जीवन में कविता नहीं होती तो मेरा जीवन शायद व्यर्थ होता,
कला मुझे ज़िन्दगी जीने का ढंग प्रदान करती है,
मेरा हर एहसास हर जज़्बात कविता की तरह से निकलता है,
मैं कविता से जीता हूँ, कविताएं मेरी साँसे है, कविता ही मेरा जीवन
है।

Preface

मैंने ज़िंदगी में हमेशा किताबें लिखने की ख्वाहिश रखी है,
बहुत सारा लिखा है, कई कविताये खो भी दी ,
कई सारा अपने तक ही रहने दिया , कई लोगों तक पोहोचने की
कोशिश की,
मेरी यह किताब लिखने के पीछे मेरे सभी अपनों का बहुत हाथ रहा ,
लोग अच्छे मिलते है तो ज़िंदगी में आगे बढ़ना आसान हो जाता है।

Acknowledgements

मुझे ऐसा लगता है की अगर इस किताब में कुछ लोगों का नाम ना आए तो शायद वह इस किताब के
ऊपर बहुत बड़ी बद्दुआ होगी, इसीलिए कुछ नामो को लिखना कुछ लोगों को शुक्रियादा कहना ज़रूरी है ,
सबसे पहले मेरी एक क़ाबिल दोस्त और मुझे इस किताब लिखने के लिए प्रेरणा देने वाली स्नेहा,
अगर स्नेहा बुकलीफ़ का चैलेंज मेरे लिए ना ख़रीदती तो शायद यह किताब अब आपके हाथों में ना होती,
मेरे परिवार का बहुत शुक्रिया जिन्होंने मेरी कला के लिए हमेशा साथ बनाये रखा,
एकलव्य,कृष्ण ,श्रुति यह सभी वह लोग है जिन्होंने यह पूरे सफ़र में साथ बनाये रखा है,
बुकलीफ़ का बेहद शुक्रिया जिसकी वजह से शायद यह सब मुमकिन हुआ।

1. मैं ढूंड रहा हूँ खुदको!

मैं बहुत ढूंढ रहा हूँ खुदको, पर मिल नहीं पा रहा !
कस्बों में, शहरों में,
समंदरों में, लहरों में,
बादलों में भी खुदकी पहचान दिखाने की कोशिश करता हूँ,
चलते हुए चाँद को अपने पास महसूस करने की कोशिश करता हूँ,
वो सब एहसास मुझे है कि मेरा वजूद इस वक़्त
शायद मर गया है,
कविताएँ लिखते लिखते आधे में छोड़ देता हूँ इसी
उम्मीद में कि पूरा करूंगा तो अधूरापन महसूस
नहीं होगा!
मुझे पसंद आने लगा है ख़ालीपन, लोग पास होते हैं
तो घुटन महसूस होने लगी है,
ऐसा लगता है जैसे अपने मतलब के लिए बैठा है मेरे
साथ,
वो सारी ख्वाहिशों ने दम घोट लिया है खुदका जो
कभी यकीन के साथ आसमानों में उड़ा करती थी,
सब कुछ बिखर जाए कोई फर्क नहीं पड़ता
अगर मैं
खुदको हासिल होता!

2. मुझे सुकून से मरने देना ।

मेरे जाने के बाद सोशल मीडिया पर मेरी तस्वीरें मत डालना,
फिर ज़िंदगी के उस पार मिलने के भरम मत पालना,
ख़ासकर मेरे शौक़ में मत रुकना, अच्छाई का पर्चा थामे,
मत बताना लोगों को कि कितना अच्छा था मैं,
शांति के लिए मत भटकना तुम दर-ब-दर मेरे लिए,
याद में आँसू मत बहाना मगर मेरे लिए।
हो पाए तो वो सारे ख्वाब बुन लेना तुम,
किसी को बहुत कुछ कहना हो ना , तो सुन लेना तुम,
नहीं रोकना किसी को दीवारें चढ़ते हुए,
ना रोकना किसी को आहें भरते हुए!
सभी का साथ देना, कोई लाचार न रहे,
उम्मीदों का होना सही है, पर उम्मीदों का भार न रहे।
जो करना है जिस किसी को वो करने देना,
मैं जब जाऊँ इस दुनिया से तो मुझे सुकून से मरने देना!!

3. तुम्हे बात करनी होगी।

जब कोई ना हो साथ, तब ये साँसें आज़ाद करनी होगी,
मेरे हमसुक़न, दर्द को भुलाने के लिए ना तुम्हें बात करनी होगी,
करना होगा ज़िक्र कि नहीं सुनता कोई खामोशियाँ अब,
अब ना दीवारों के कान सुने, ना खुद ही बोलते लब,
ये ग़म अकेले में दबोचेंगे तुमको,
मरहम साथ नहीं देगा और ये खरोंचेंगे तुमको,
ज़माना कहेगा तुम इतने कमज़ोर नहीं तुम ये सब सह सकते हो?
तुम कह देना रो देते हो तुम!! फिक्र मत करो तुम कह सकते हो!
हाँ मानता हूँ कमज़ोरियाँ किसी को दिखाई जाती नहीं है,
तुम्हारी मुस्कान अरसों तक तुमसे मिलने आती नहीं है,
पर इन्हीं बातों से उठ कर ऐसा साहस बनाना होगा,
मेरे दोस्त कमज़ोरियों को ना अब ताकत बनाना होगा,
वो रुलायेंगे तुम्हारी हर बात हर जज़्बात पर,
देखना तुमको हल्का लगेगा जब करोगे तुम बात पर।

4. ज़िम्मेदारी।

कभी सोचते हो कि क्यों तुम अब खुद से सम्भल नहीं पा रहे?
कभी सोचते हो कि क्यों तुम्हारे रिश्ते अब तुम्हारे साथ चल नहीं पा रहे?
सच कहूँ तो ये ज़िन्दगी थोड़ी बहुत अंधेरों में खामोश तो है,
तुम्हें शायद दिखता नहीं होगा पर जिम्मेदारियों का ना,
थोड़ा बोझ तो है।
कभी खाली बैठे-बैठे खुद ही की चिंता सताती होगी ना?
कभी माँ आकर तुम्हारे साथ वक़्त ना गुज़ारने का
दर्द बताती होगी ना,
कभी मांगता होगा कोई ख़यालों में वक़्त तुम्हारा?
कभी देखते हो वो ख्वाबों का टूटा दरख़्त तुम्हारा?
कभी भूल जाते होगे ना कुछ वक़्त का खाना?
कभी याद आता होगा ना अपनों का दर्द बताना?
कभी खाली सा लगता होगा, कभी भीड़ में भी अकेले होगे?
हर बार ख़ुशी की तलाश में तुमको दर्द ही मिले होगे,
अब इस फ़ितूर में ज़िन्दगी बितानी तो होगी,
चाहे कितनी ही ज़िल्लतें और दर्द मिले,
ये ज़िम्मेदारियाँ हैं साहब, निभानी तो होगी।

5. बेनाम कविता।

कभी कभी ये सोचता हूँ , की क्या अकेलेपन से आज़ाद हम होंगे,
क्या ये गहरे सन्नाटे,इन हवाओं के भी गम होंगे ।
कितनी ही कोशिश के बाद भी अंधेरों में ये रुकते कहा है,
जो चेहरे पर दिखाई नहीं देते, ये आसूँ आख़िर छुपते कहाँ है।
हम अक्सर दर्द को दिल के हर हिस्से में पन्हा देते है,
आसूँ कभी छुपाये नहीं छुपते,हम मुस्कुरा कर बहा देते है।
हाँ,ज़िंदगी में रिश्ते कई है और हमदर्द भी है,
मुस्कुराहटों में महज़ ख़ुशियाँ नहीं है अब,मुस्कुराहटों में दर्द भी है,
क्या दिल की अदालतों में ,दर्द कि लिए कोई क़ानून होगा,
तुम भी मुस्कुराते हो शायद तुम्हें भी मालूम होगा।
तुम्हें देखकर ऐसा लगता है, के तुम्हारे दिल को किसीने तोड़ दिया हो ,
जैसे मंजिल तक हाथ थमा किसीने और रास्तों में छोड़ दिया हो।
तभी तो वो खुशियों के जश्न में रहते है,तुम कहा रहते हो?
केतन जब सुनाता है कहानियाँ , तुम गुम कहा रहते हो?
देखो मुझे पता है कि अपना अपनों कि गुमो को सीच ही लेता है,
यह दर्द है जनाब ,दर्द को खीच ही लेता है।
मुझे पता है की दीप कई जले है अंधेरों में ,पर कुछ भुझे भी है,
दर्द किसे नहीं है दोस्त , दर्द तुम्हें भी है,दर्द मुझे भी है।
इसीलिए अकेलेपन में कितनी ही कोशिश के बाद भी बंद ये खामोशी का शोर नहीं होता,
अक्सर हर बात पर रो देने वाला ना,कमजोर नहीं होता।
इसीलिए रो कर यह ज़िक्र करो कि तुम्हारे भी सपने है, तुम्हारी भी मंजिल है,

रो कर ये बतादो सभी को दोस्त कि ,तुम भी इंसान हो आख़िर , तुम्हारे पास भी दिल है।

6. माँ

मैं झूठा हूँ, खुदगर्ज़ हूँ, थोड़ा बेगैर हूँ माँ,
मैं जो हूँ जैसा हूँ, तेरे बग़ैर हूँ माँ,
बग़ैर तेरे सारी झूठी तसवीरें हैं चूमती,
बग़ैर तेरे तितलियाँ पास नहीं घूमती,
बग़ैर तेरे यह जहाँ हवाओं और बातों में है,
बग़ैर तेरे दिन नहीं है, ज़िन्दगी बस रातों में है,
बग़ैर तेरे सब झूठ है, एक सच भी नहीं है,
बग़ैर तेरे सब कुछ है माँ, पर कुछ भी नहीं है!

7. तलाश।

कभी कभी खुदी से नफ़रत करने की आस में ,
क्या तुम भी चल देते हो यूँही कभी खुदी की तलाश में,
तलाश में तुम्हारी आखों में झलकेगा दर्द और थोड़ी नमी भी होगी,
पूरा दिन गुज़रेगा अकेला और थोड़ी खुशियों की कमी भी होगी,
होगी मुसलसल राते जब इन आसुओं को रोक नहीं पाओगे तुम,
लोगों को तो हस्ता चहरा दिखा दोगे ना, खुदको क्या दिखाओगे तुम,
हो सकता है तब सबसे अलग अलग से दूर से रहते यह सोचोगे,
हो सकता है तब तुम खुदसे यह सवाल पूछोगे,
के ये क्या दर्द है जिसके बारे में तुम यूँ सोचे जा रहे हो,
क्यों लोगों की बातों से बार बार खरोचे जा रहे हो,
क्यों यह ज़िंदगी का फ़लसफ़ा अब तुम्हें रास नहीं आ रहा ,
क्यों कोई भी अपना अब तुम्हारे पास नहीं आ रहा,
क्यों तुम्हें दर्द देने वाले लोगों को भूल से जाते हो तुम,
और क्यों वो तुम्हारे पास भी आए तो महज़ मुस्कुराते हो तुम,
क्यों तुम अब खुदी के साथ नहीं रहते,
क्यों तुम अब ख़ुदहिसे अपने दिल की बात नहीं कहते,
देखो मुझे पता है,
मुझे पता है के तुम्हारे दर्द को कभी किसीने सहा नहीं है,
मुझे पता है के ये आज तक तुम्हे किसीने कहा नहीं है,
मुझे मालूम है के तुम्हारे ख़्वाब बड़े है , बस ख्वाबों के बीच हर बार एक दरक्त पढ़ता है,
मुझे नहीं मालूम के किसीको पढ़ता है या नहीं पढ़ता, पर तुम्हारे होने से ना तुमको बहुत फ़रक पड़ता है,
इसीलिए जियो ख़ुशी से और रहो खुदकी तलाश में,

तो क्या हुआ अगर कोई नहीं है तुम्हारे पास में,
तुम खुदको ढूँढ़ो , तुम कहीं तो गम हो,
कोई अकेला नहीं है यहाँ, तुम्हारे साथ तुम हो।

8. तुम जब मिलोगे,

तुम जब मिलोगे,
तो थोड़े वक्त के साथ मिलना मुझसे,
क्या है के
ये चार दिन का इंतज़ार अब
तीसरे दिन ही खटकने लगता है मुझे,
दो ज़िम्मेदारियाँ जो आगई है सर पर,
ये एक भी पल जाया करने नहीं देती,
शून्य सी हालत हो गई है मेरी,
कहीं किसी के भी पीछे, इज़्ज़त नहीं रही,
हाँ पर सामने सबको सुकून सा लगता हूँ मैं,
इसीलिए,
तुम जब मिलोगे,
तो थोड़े वक्त के साथ मिलना मुझसे।

9. ग़ज़ल की कोशिश ।

यादें ये बशर में रहती नहीं हैं,
टूटी हुई हिम्मत तुमसे चलने को फिर कहती नहीं है।
चिराग बुझकर हार की खबर देता है,
जो सुकून कोई नहीं देता ना, वो सब्र देता है।
काली नज़र उतार कर करोगे क्या तुम,
ये अंधेरा तुम्हें रहने को अपना घर देता है।
कुछ नहीं होता हासिल मोहब्बत में आजकल,
प्यार दिल को महज़ दर्द से भर देता है।
मैं नहीं कहूंगा तुमको अगर-मगर कुछ भी,
उम्मीद मुसाफ़िरों को फिर डर देता है।
तुम भी सुनो कभी कहानियां मेरी,
जो भी सुनता है, माफ़ कर देता है।
मैं तो महज़ चंद पल साथ चलूंगा तुम्हारे,
ज़िंदगी भर का साथ मगर शहर देता है।
तुमको भी कभी याद आएगी मेरी,
मेरा होना सभी को मेरी फ़िक्र देता है।

10. तुम।

तुम मेरी ज़िंदगी में ना,
सूरज की तरह हो।
जब तुम पास होती हो ना तो हर जगह सिर्फ़ रौशनी सी छा जाती है,
और जब तुम दूर जाने लगती हो तो हर जगह बस अंधेरा सा छा जाता है।
ऐसा नहीं है कि
तुम्हारे जाने के बाद कोई साथ नहीं रहता या मैं अकेला हो जाता हूँ,
ये चाँद और तारे तब भी होते हैं मेरे साथ,
पर इनके होने से ज़िंदगी का अंधेरा नहीं जाता।
वो सिर्फ़ तुम कर सकती हो।

11. ज़िंदगी।

अक्सर सर्द रातों में कुछ आँसुओं के बाद तो आती होगी?
किस तरह के हुआ करते थे तुम, तुम्हें भी तुम्हारी याद तो आती होगी?
याद है, चोट लगने पर कैसे माँ को सताया करते थे,
याद है कैसे तुम हर बात पर मुस्कुराया करते थे,
याद है जब इन धोखों की तरफ़ ज़िंदगी का कोई इशारा नहीं था,
याद है जब दोस्ती के सिवा, तुम्हें किसी का सहारा नहीं था।
तब ज़िंदगी में किसी के होने न होने की इबादतें नहीं थीं,
तब हमको यूँ रात-रात भर रोने की आदतें नहीं थीं।
अब तो हर पुरानी चीज़ को बस खो दिया करते हो न?
अब हर बात पर तुम बस, रो दिया करते हो न?
शायद जिन चीज़ों को पुकारना नहीं था उन्हें भी पुकार गए हो,
कभी-कभी लगता होगा न कि तुम ज़िंदगी से हार गए हो?
सच कहूँ तो तुम आज भी ज़िंदगी में किसी के सहारे नहीं हो,
हाँ, तुम टूटे ज़रूर हो पर हारे नहीं हो!
क्या है ना, हर इंसान को अच्छी चीज़ों की आदत नहीं होती,
हर किसी को तुम्हारे साथ की ज़रूरत नहीं होती।
हम अक्सर अपनेपन के झूलों में कहीं झूल से जाते हैं,
हम अक्सर दूसरों में ज़िंदगियाँ ढूँढते हैं और खुद को भूल से जाते हैं!
खुद में ज़िंदगी ढूँढो यार, ये हवाएँ, ये फ़िज़ाएँ तुम्हारी ही तो हैं,
अपने हर पल को खुशी से दिल से जियो, ये ज़िंदगी बस निभानी ही
तो है!

12. तुम ही तो हो।

हर इंसान चाहता है कि उसकी ज़िंदगी में कोई हो जो सिर्फ़ उसे चाहे,
हर इंसान चाहता है कि वो ऐसे किसी इंसान को पाए,
जो हर वक़्त उसके साथ हो,
जिससे हर रोज़ मुलाक़ात हो,
जो कभी उसे रोने ना दे,
जो कभी उसे बिना मुस्कुराए सोने ना दे।
पर ऐसा इंसान किसी को मिल ही नहीं पाता,
वो कोशिश तो करता है हर वक़्त, पर ऐसे इंसान को ढूँढ ही नहीं पाता।
कभी मिल भी जाए ऐसा इंसान, तो वो बस कुछ वक़्त के लिए ही रहता है,
और जब मन भर जाता है ना उसका, तो वो बस एक ही बात कहता है–
"मुझे नहीं पता ये सच है या उसका कोई बहाना होगा,
सुनो, मैं तुम्हें छोड़ना नहीं चाहता पर अभी छोड़ के जाना होगा।"
सच तो ये है कि तुम उस इंसान की तलाश में कहीं गुम ही तो नहीं हो?
सोच के देखो, जिसकी तलाश तुम कर रहे हो, कहीं वो तुम ही तो नहीं हो?
देखो ना, जब कोई नहीं होता साथ, तब तुम्हारे साथ तुम होते हो,
जब होते हो हज़ारों की भीड़ में, तो अपने ख्यालों में गुम होते हो।
तुम ही तो हो जो कभी रोना नहीं चाहता,
तुम ही तो हो जो कभी बिना मुस्कुराए सोना नहीं चाहता,
तुम ही तो हो जो खुद की परछाई से पहले अपने साथ चलते हो,
तुम ही तो हो जो खुद से हर रोज़ मिलते हो।

मेरे दोस्त, तुम्हारी ख़ामोशी को तुमसे पहले कोई पहचान ही नहीं सकता,
शायद तुमसे अच्छा तुम्हें कोई जान ही नहीं सकता।
तुम ही तो हो जो खुद के जज़्बातों पर हँसते नहीं,
तुम ही तो हो जो खुद से मोहब्बत करते नहीं।
ख़ुद की क़ीमत सबसे ऊँची रखो,
सारे ज़माने से पहले ना, खुद को रखो।
क्योंकि आँसू पोंछने कोई आएगा नहीं,
और ऐसे में तुम्हारा *"तुम"* कभी तुम्हें छोड़ के जाएगा नहीं।

13. छोटे ख़्वाब ।

कुछ दूर जाने के बाद पता लगता है, कि कुछ रिश्तों को पीछे छोड़ रहे हो तुम,
कई रास्तों पर चलते-चलते पिछली मंज़िलों से मुँह मोड़ रहे हो तुम,
ख़्वाब क्या थे?
कर क्या रहे हो?
जाना कहाँ था?
जा कहाँ रहे हो?
बस इन्हीं सवालों के जवाबों को ढूँढते हुए, एक और रास्ता हर बार बदल देता हूँ,
इस उम्मीद में कि कभी ऐसी किसी जगह पर मुक़ाम होगा, जहाँ पहुँच कर सपने साथ दिखाई दें,
मंज़िलें पास बैठकर बात करें पूरे सफ़र के बारे,
मेरे मक़ाम छोटे रहे नहीं है कभी,
पर छोटे ख़्वाब हमेशा देखता रहा हूँ मैं,
हर छोटी चीज़ पर जी भर के खुश होने की आदत बना ली है मैंने,
ताकि कभी ग़म आए तो उससे भी पूरी तरह जी पाऊँ,
अधूरा ना रह जाए कुछ ज़िंदगी में,
ख़्वाब यह भी कहता कि आख़िरी दिन जब हो ज़िंदगी का,
तब लगे कि कुछ छूटा नहीं, सब जी लिया, जीता, हारा, हँसाया, रुलाया,
सब कुछ बहुत हसीन पलों में किया,
दुनिया बहुत खूबसूरत है,
देखने की नज़र और निभाने की चाह साफ़ हो तो सब मुमकिन है!

14. मन नहीं करता।

अपनी ही खुद्दारियों को भुलाने का जतन नहीं करता,
सच कहूँ तो अब ख़्वाब पूरा करने का भी मन नहीं करता,
मन नहीं करता कि इन ज़ख़्मों को थोड़ा भी मरहम दूँ,
मन नहीं करता कि इन ग़ुमों को थोड़ी भी आखें नम दूँ,
बस ख़ुद ही से हर वक़्त ये सवाल पूछ रहा हूँ,
कि मैं कितनी ही दफ़ा ख़ुद से अपना हाल पूछ रहा हूँ?
टूट रहा हूँ, हर लम्हे हर सवेरे में,
अब तन्हाइयाँ भी नहीं मिलती हैं अंधेरे में,
मिलते हैं मतलबी दोस्त बहुत,
कुछ भी बुरा लिखा नहीं था अपनों के चेहरे में!
अच्छा एक बात बताओ?
ये ग़म अपने दिल तक ही महफ़ूज़ क्यों नहीं है?
हर तरफ़ हूँ देख रहा, कोई भी खुश क्यों नहीं है?
शायद पूरा नहीं ये मंज़िलों का सफ़र होगा?
कहाँ होंगे ग़म अपने? कहाँ खुशियों का घर होगा?
खुद अपनी ही फ़िक्र, अपना ही ख़्याल लिए?
अक्सर अकेला चल देता हूँ ये सवाल लिए,
कि तुम भी बाक़ियों की तरह चले जाओगे क्या?
क्या हो सकता जवाब मेरा, बताओगे क्या?

15. घर।

वो मुस्कुराते चेहरे, खुश आँखें, ये पास मंज़र नहीं है,
मीलों दूर चल दिया हूँ और साथ में घर नहीं है।

है वो पिता की डाँट, माँ की मासूमियत नहीं,
है सब कुछ पास लेकिन, दादी की मुस्कान मगर नहीं है।

मेरे गिरने पर ना है किसी को फ़िक्र कोई, ऐसा नहीं,
किसी को ख़बर नहीं है।

वो मदद के हाथ अब पास नहीं आते,
घर के अलावा कहीं भी मेरा घर नहीं है।

16. इंसानियत ।

बिखरे हुए रास्ते, तन्हा सा मैं और यह अंधेरा,
कई बातें खुद में समेटे हुए इस बात को
चीख-चीख कर बताता है कि अब साथ में कोई
चलता नहीं है मेरे,
भीड़ अब महज़ दिखावे की है मेरे सामने,
वो मदद का बढ़ता हाथ जो हौसले सा
लग रहा था मुझे,
वो बस एक मेरा वहम ही था कि
यह दुनिया कई अपनों से भरी है,
जैसे आज भी कई लोग तरसते हैं किसी का अच्छा करने को,
कहने सुनने के लिए बहुत अच्छा है अच्छा होना,
पर असलमें अच्छा होने का मतलब कोई जानता ही नहीं,
सब में कुछ न कुछ कोई न कोई बुराई अपना घर
बना के बैठी है,
सभी पर दुनिया का असर ताउम्र
चढ़ा हुआ है,
अपनों के साथ होकर भी अकेले हैं
सब,
सभी अपने इस अंधे वहम में हैं कि
इंसानियत निभाते हैं हम,
बहरहाल शायद किसी
वक़्त किसी दिन कोई हम में से इंसानियत को निभाना
सीखे तो शुक्र हो!

17. शिखर।

ख़ुदको चलना होगा मंज़िल तक, साथ कोई नहीं देगा,
यूँ जब अंधेरा होगा, हाथ कोई नहीं देगा।
रौशनी अपनी मर्ज़ी से आएगी क़रीब सब भूल जाओगे,
जब शिकार पर राज करोगे, दाद कोई नहीं देगा।
पर गिरोगे जब शिखर से कोसों नीचे,
नहीं देखोगे ख़ुदको आईनों में,
लोग दूर से नज़रे घुमाके देखने की कोशिश करेंगे।
नीचे मसल दिए जाओगे बड़ी तबीयत से जब तुम तब लोग हँस पड़ेंगे।
मजबूर कंधे, रोती शक्लें पसंद हैं सबको,
कामयाबी से नाकामयाबी का सफ़र देखना अच्छा लगता है।
तुम्हारी सूरत हर पर्दे पर थी, पर पसंद सबको कीचड़ में आएगी।
अपने से नीचे सबको सब अच्छा लगता है,
ऊपर जब उठोगे, दिक्कत वहीं से शुरू होने लगेगी।

18. डियर मी|

डियर मी,

मैं शायद अब भी तुमको ठीक से पहचानता नहीं हूँ,
कितने गुम से रहते हो तुम, यह अब भी ठीक से जानता नहीं हूँ,
जानता नहीं हूँ, किन वजहों के लिए जीते हो तुम,
नहीं जानता, हर रोज़ कितने ज़ख्मों को पीते हो तुम,
मुझे नहीं मालूम कि तुम बड़ी से बड़ी मुश्किलों से डरते क्यों नहीं?
कितने लोगों ने कोशिशें की हैं अब तक, पर तुम बिखरते क्यों नहीं?
या तुम अपने अंदर के डर को कभी बताते नहीं हो,
दर्द तो तुम्हें भी होता होगा ना, तुम बस दिखाते नहीं हो!
पर यार, तुम्हारी ज़िंदगी जीने की रिवायतें बहुत हैं,
सच कहूँ तो मुझे तुमसे शिकायतें बहुत हैं,
तुम रिश्तों के टूटने पर भी रिश्तों की ज़िद बनते हो,
तुम ये खुशी का झूठा मुखौटा पहनकर अपनों की उम्मीद बनते हो,
हर कोई छोड़ जाता है तुम्हें, तुम रिश्तों को संभालते क्यों नहीं?
अपना सारा वक्त उन्हीं को देते हो, खुद के लिए कुछ वक्त निकालते क्यों नहीं?
कुछ वक्त के लिए बाकी सब छोड़ दो, चाहे कितनी भी मजबूरी हो,
तुम्हारा क्या होगा मेरी जान, तुम्हारे लिए तुम भी तो ज़रूरी हो!
कुछ वक्त निकालो, कुछ बातें करो और कभी मुस्कुरा भी देना,
और लगे कि ये बातें ज़रूरी हैं, तो अपनी ओर दोस्ती का हाथ बढ़ा भी देना!

19. शेर।

लोग कहते नहीं हैं, मगर सुनना अच्छा लगता है,
ख्वाब सच नहीं हुए, मगर बुनना अच्छा लगता है,

अपने गुनाहों के लिए अब मुझसे खिताब मांग रही है,
मेरी जिंदगी अब मुझसे मेरे ख्वाब मांग रही है,

अपनी फिक्र से पूरा झंझोड़ देना मुझे,
मेरे बहुत करीब आना, और फिर छोड़ देना मुझे!

उसके बिना रहता ये अकेलापन बस एक ही बात कहता है,
कि माँ घर में नहीं रहती, घर माँ में रहता है!

20. शेर।

मैं यूं ही कभी इस बात पर गौर करता हूँ,
कि मैं जब बाहर से खामोश होता हूँ तो अंदर ही अंदर बहुत शोर करता हूँ!

ज़िंदगी हर दफा खुशियों के रास्तों से मिलती नहीं है,
तुम भीड़ में चलते ज़रूर हो, पर ये भीड़ तुम्हारे साथ चलती नहीं है!

अक्सर मोहब्बत की आबो-हवा से लोग रूठ जाया करते हैं,
रिश्ते जब बहुत मजबूत हो न, तो टूट जाया करते हैं!

कहने चले दरक्त उन्हें ना पहचानता है कोई,
इन मुस्कुराहटों के पीछे का दर्द,ना जाना किसीने ना जानता है कोई।

21. मैं चल दिया।

ना किसी शख्स को है पता, मै किस राह पर चल दिया,
कभी खुद के रास्तो मे गढे खोदे, कभी खुद को दबे पाव कुचल दिया।
मै चल दिया, मै चल दिया,
है तकलिफे देखी तो क्या, मै इनसा नही बता मुझे?
मै मर भी गया तो क्या? है महोबत बेपनहा मुझे।
है किसीको पता नही, के मै हारता ही जा रहा,
जब हाल पूछते सभी, कुछ कहा बता पा रहा।
वो जो टूटता हो हर घड़ी तेरे सामने मुस्कुराएगा,
हो खुद को हारता कभी, कौन देख पाएगा।

www.ingramcontent.com/pod-product-compliance
Lightning Source LLC
LaVergne TN
LVHW022032200926
848481LV00007B/2661